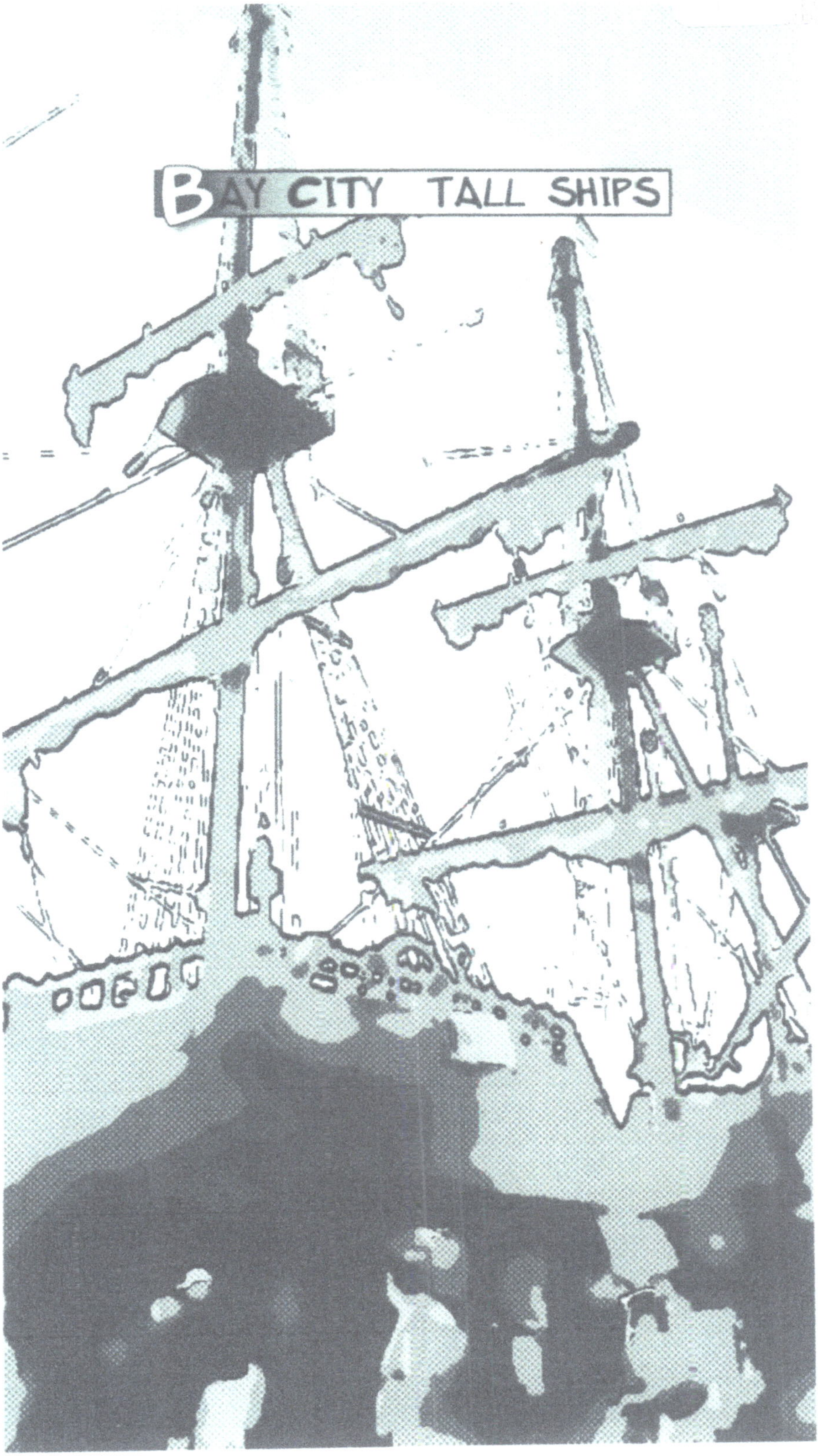
BAY CITY TALL SHIPS

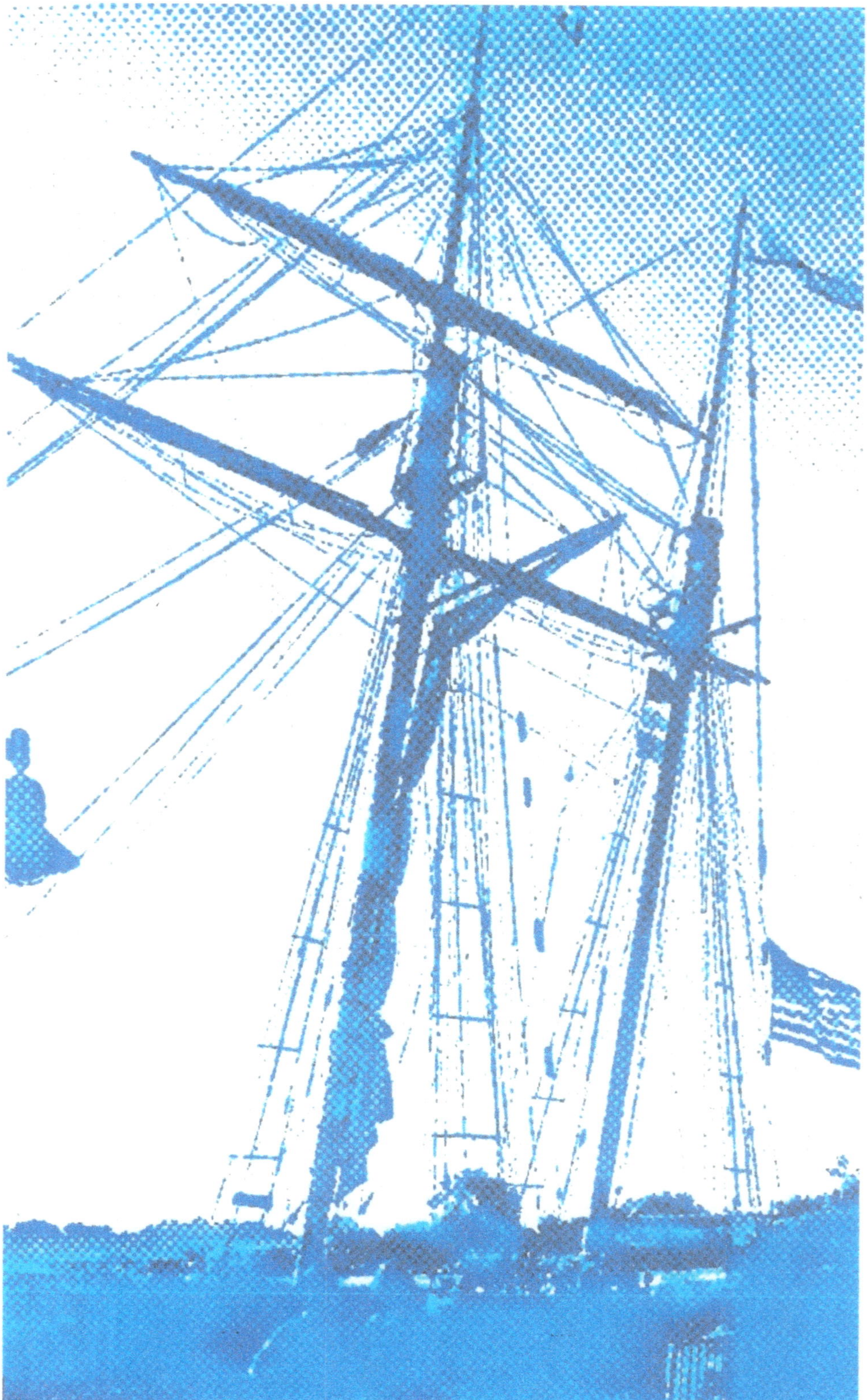

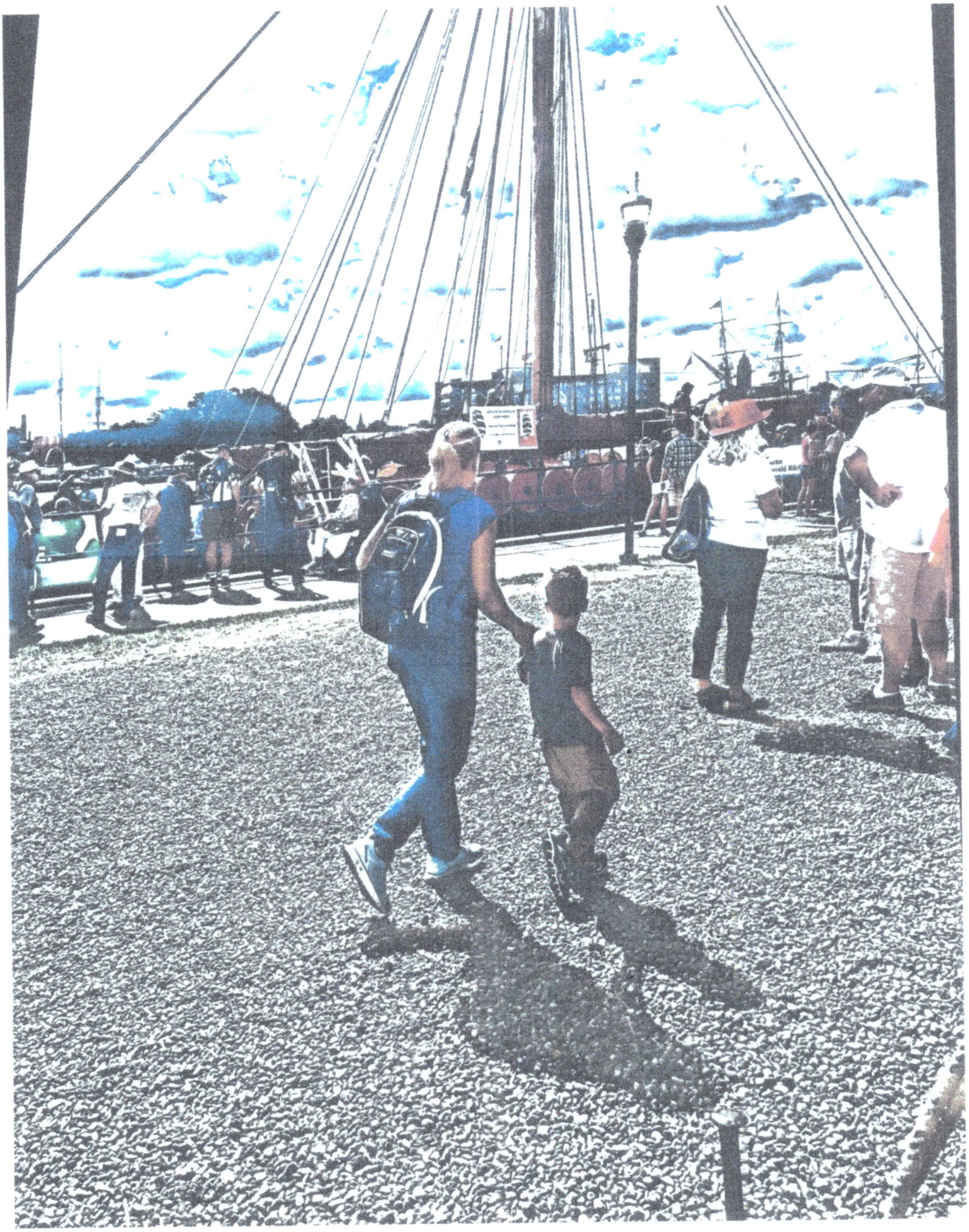

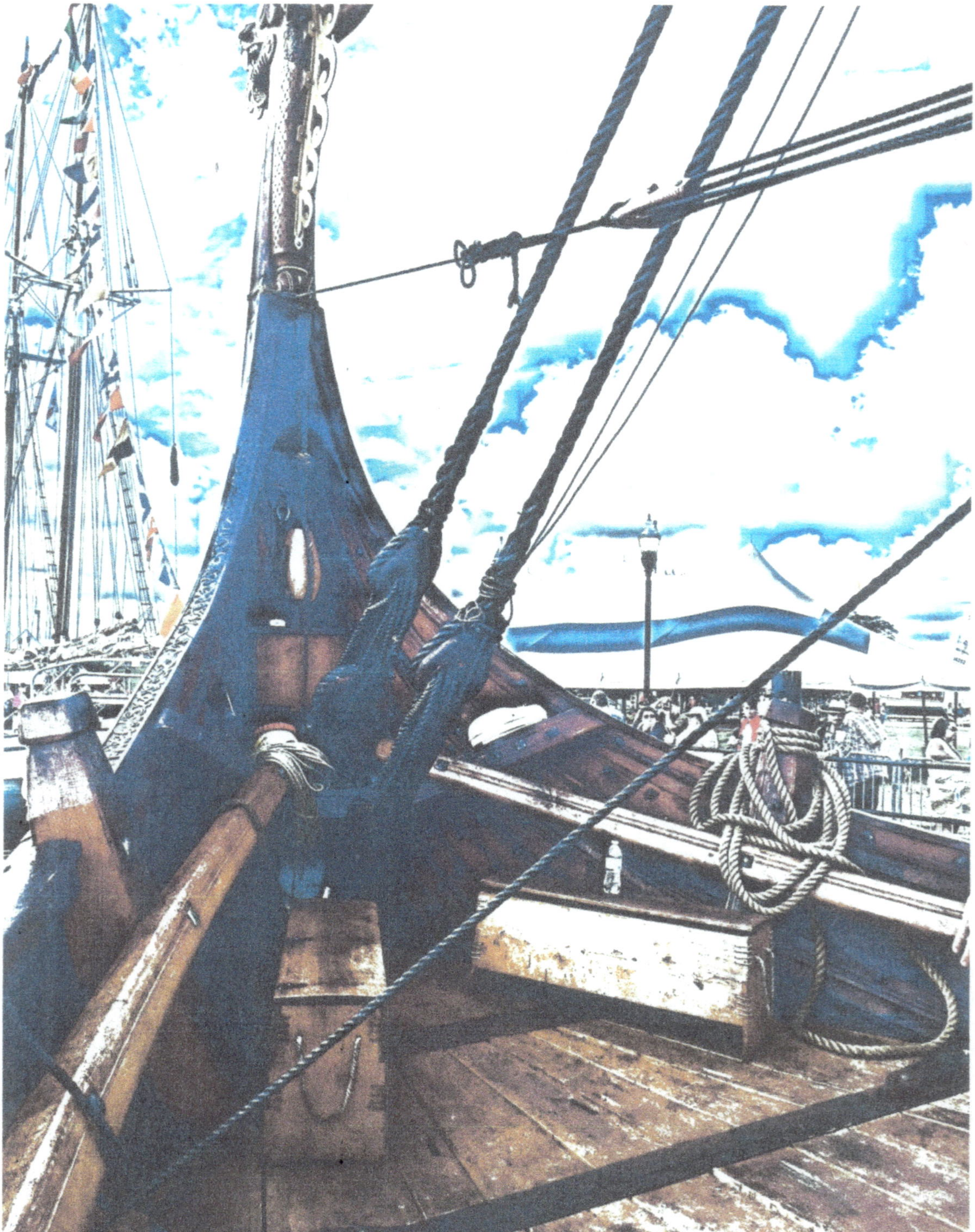

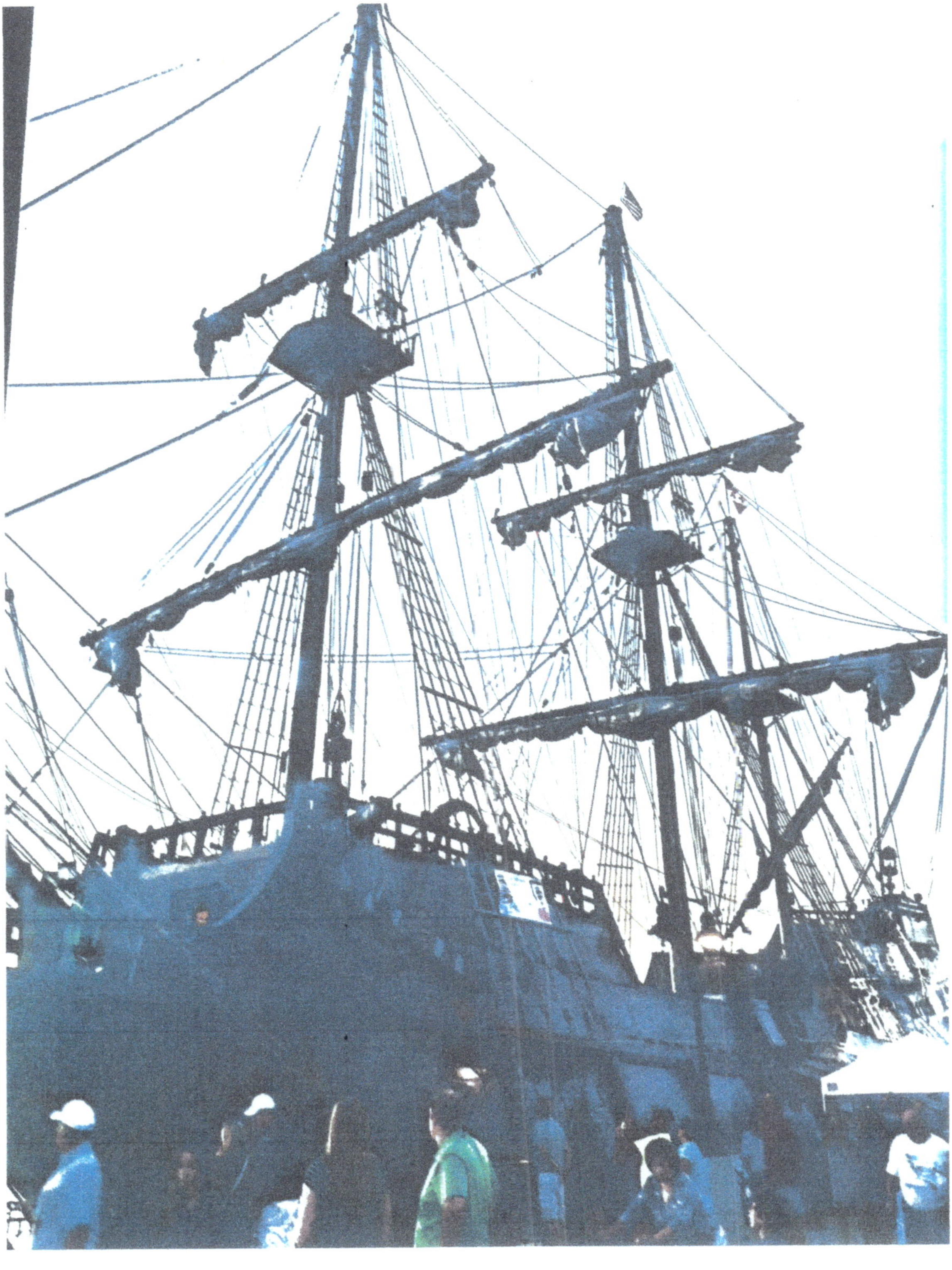

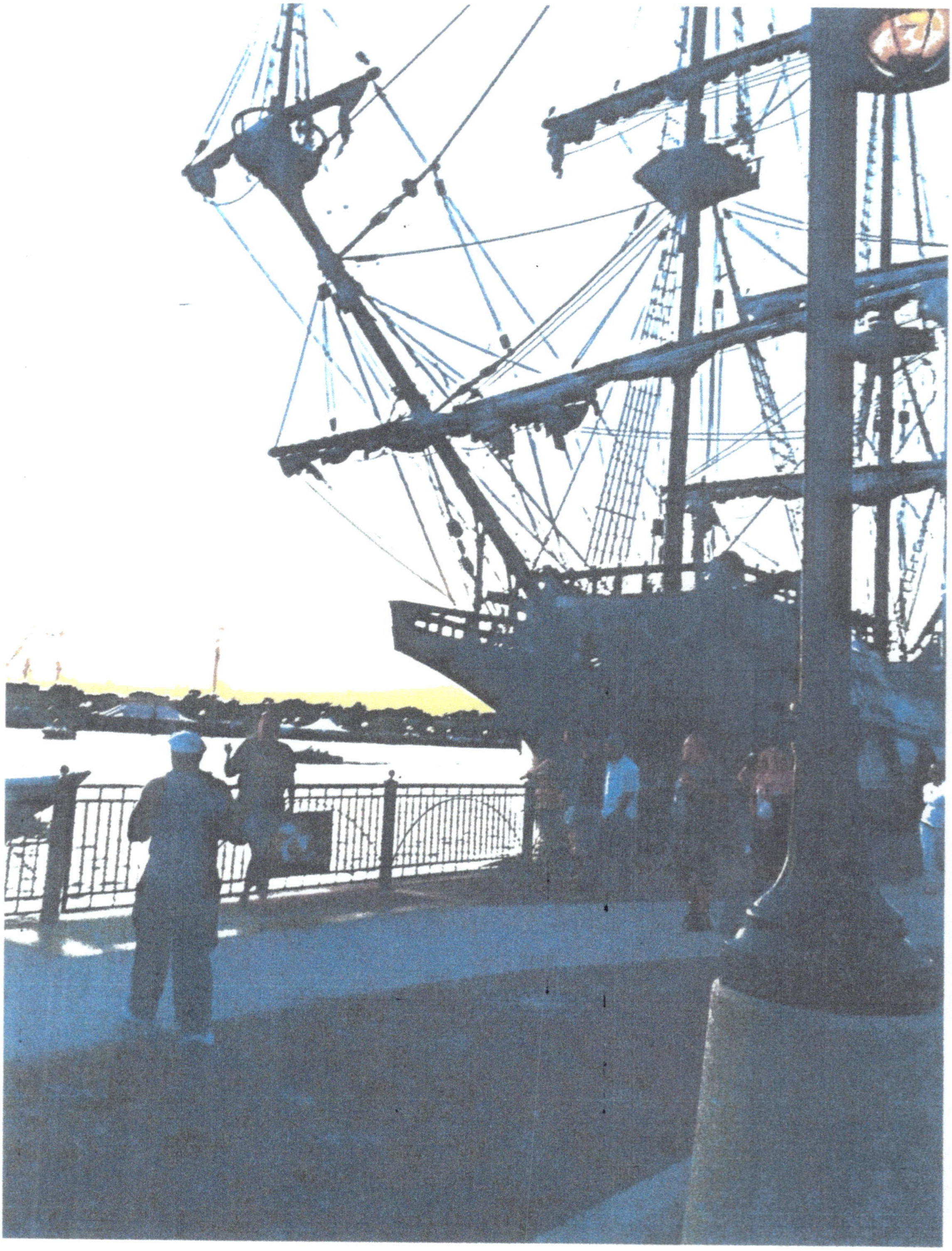

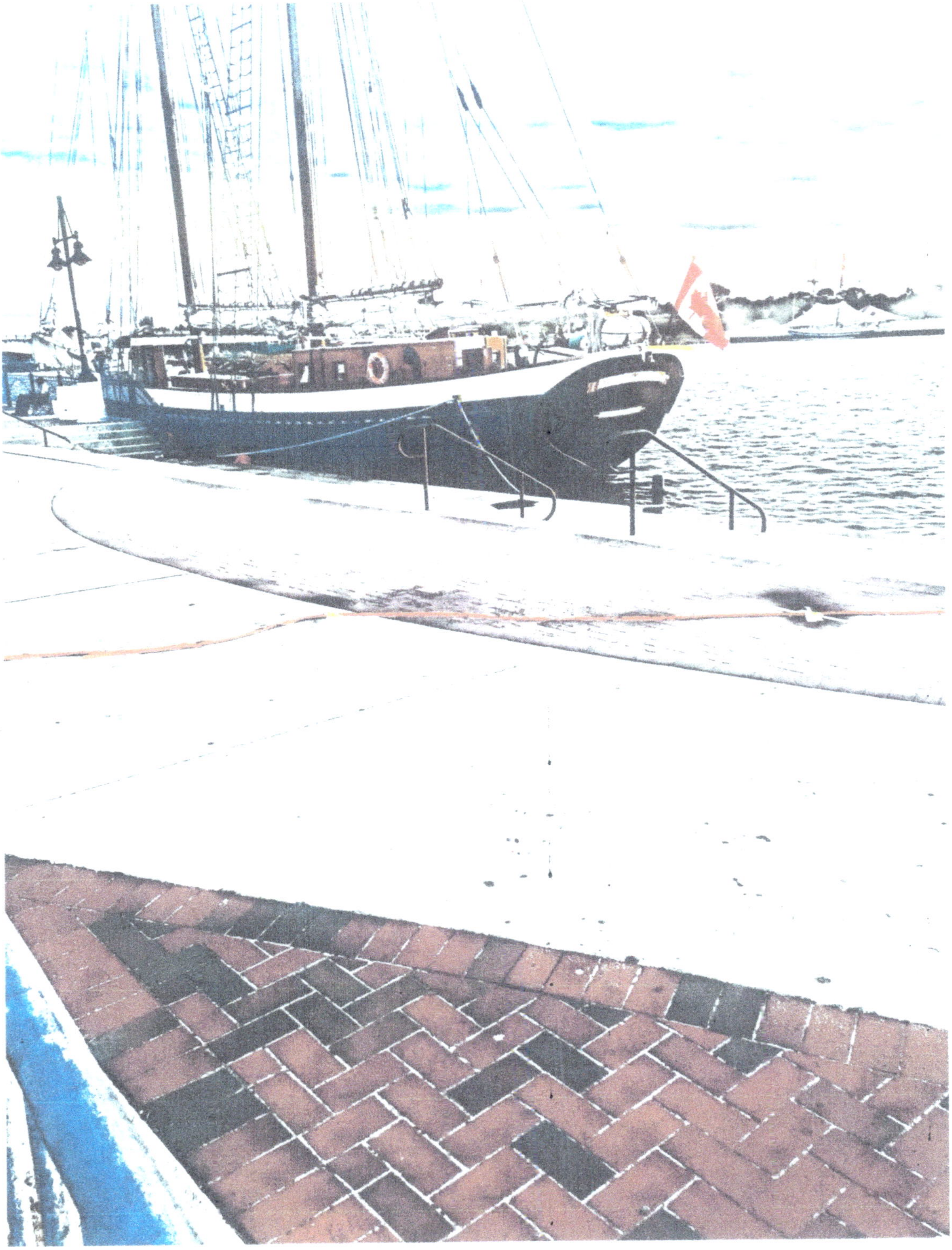

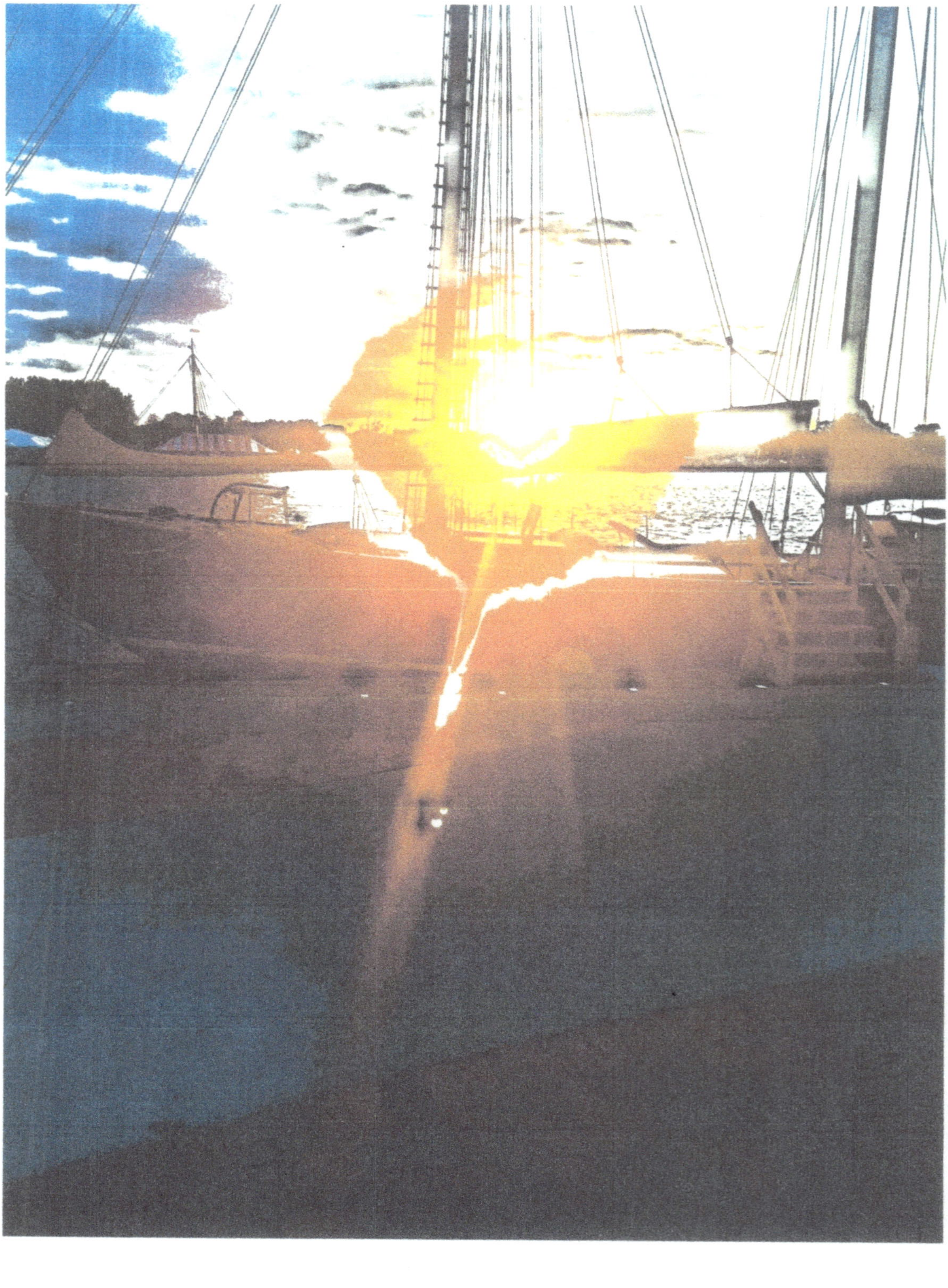

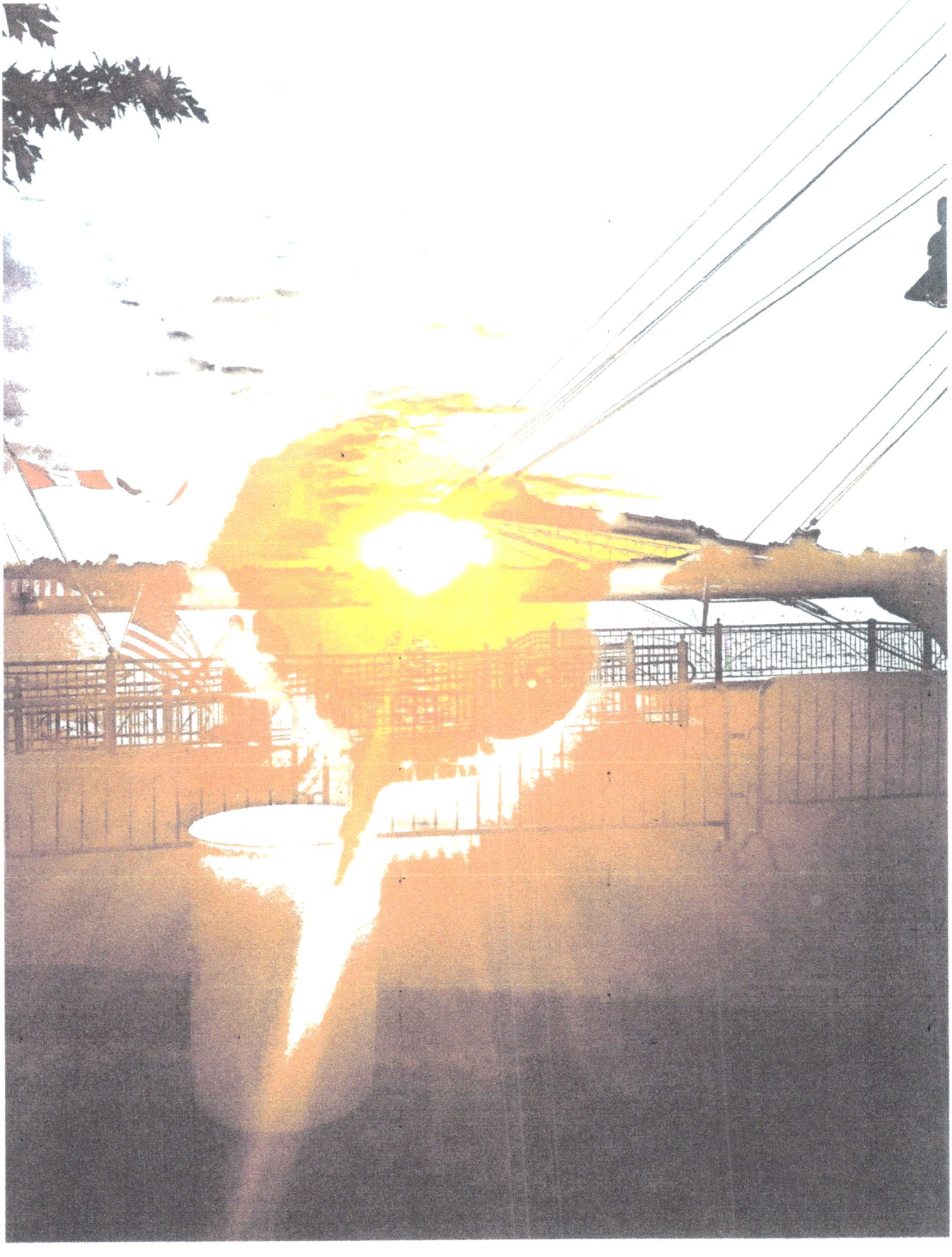

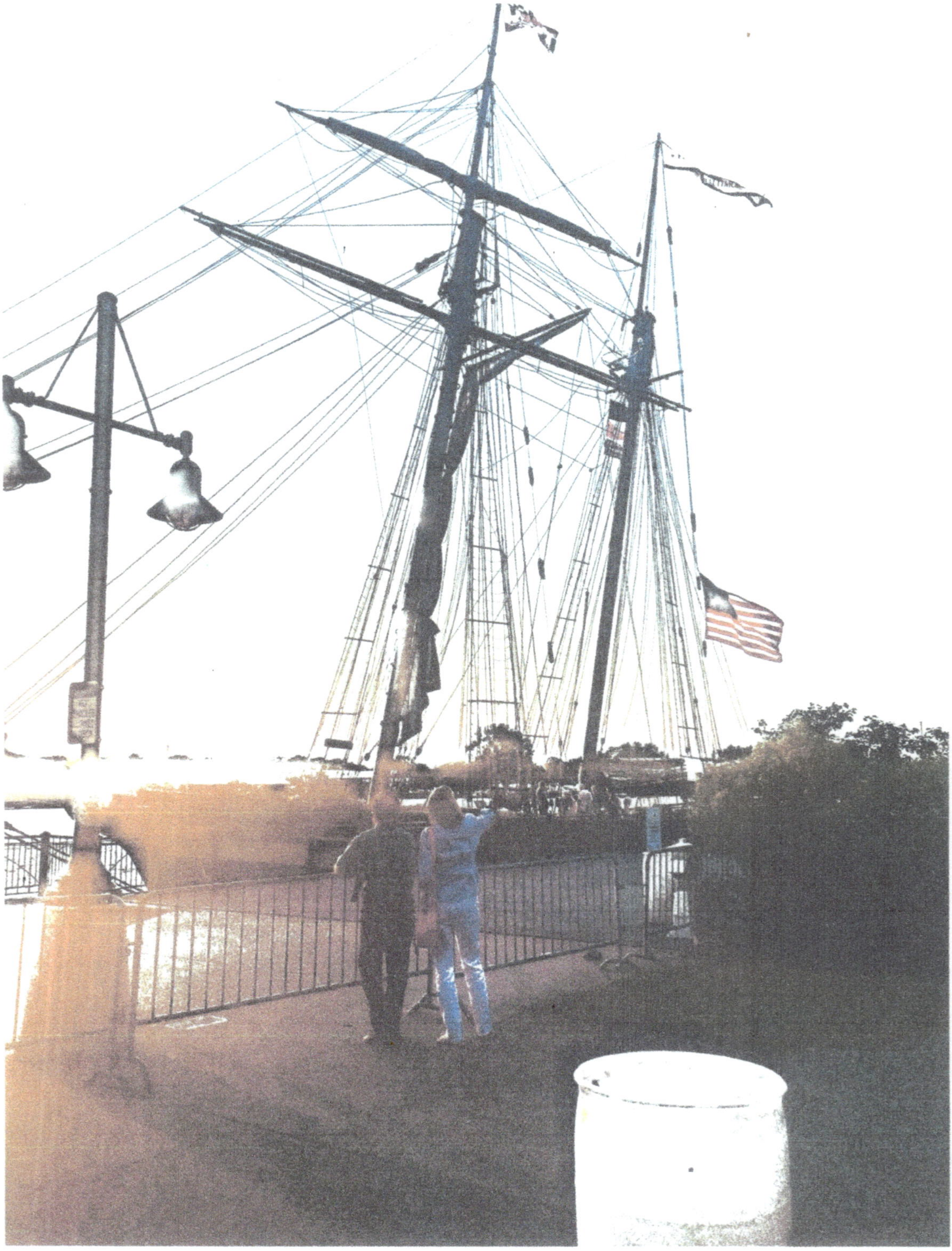

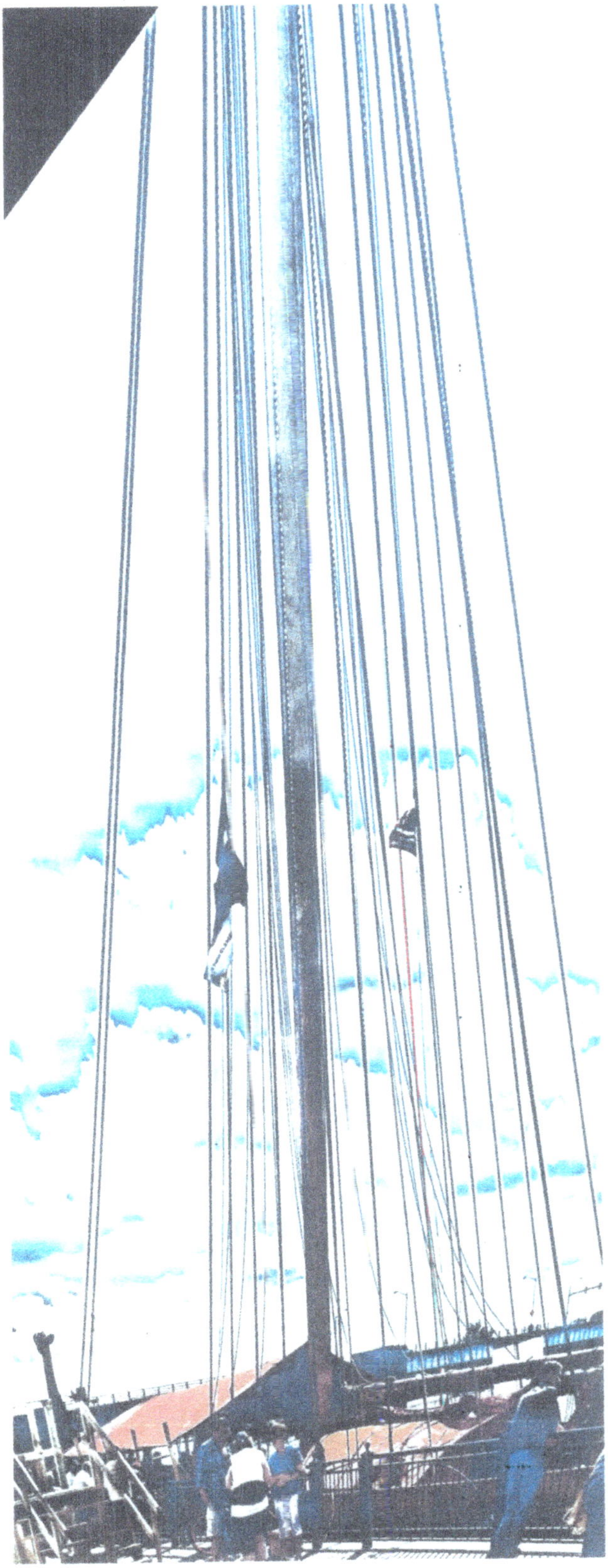

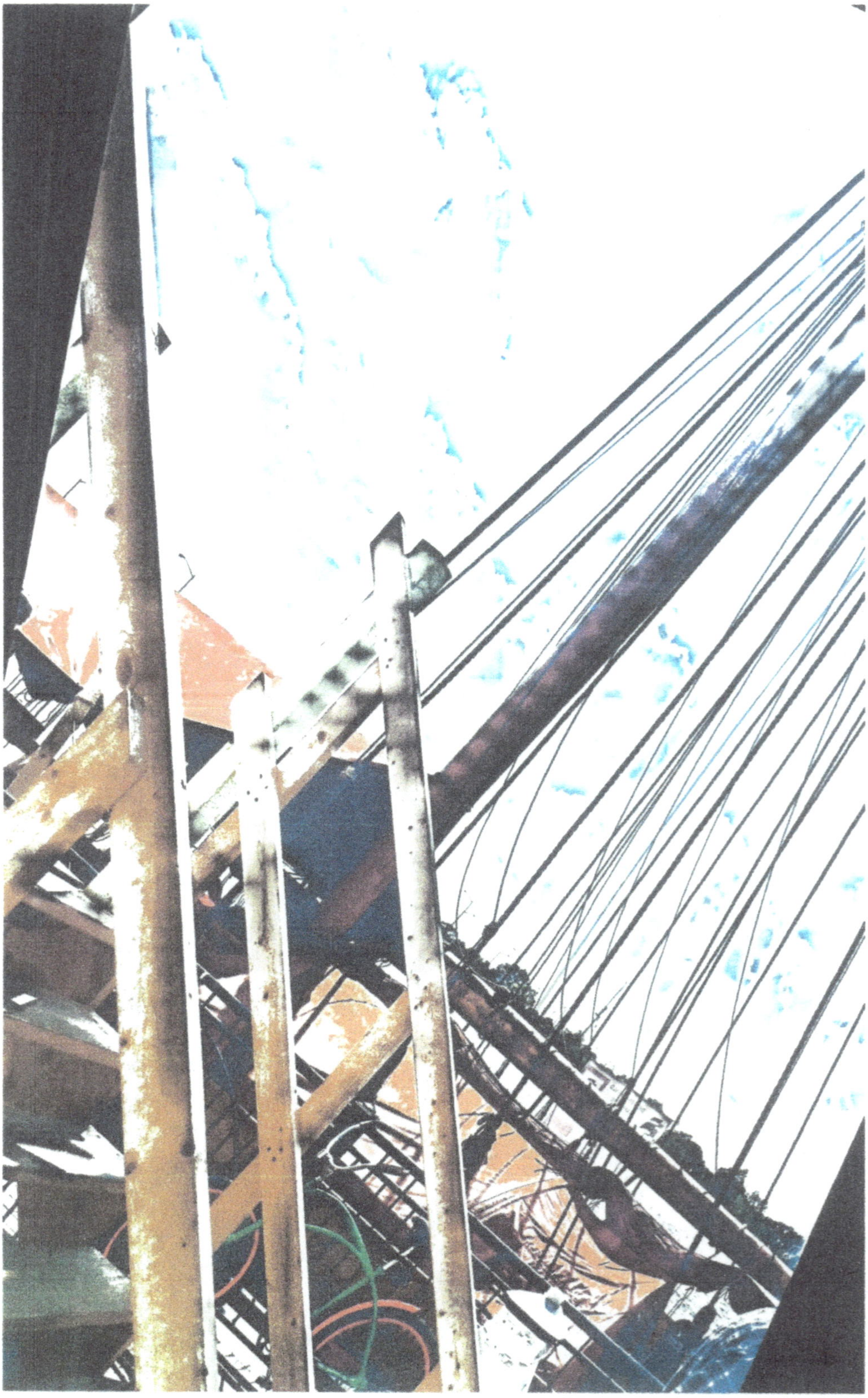

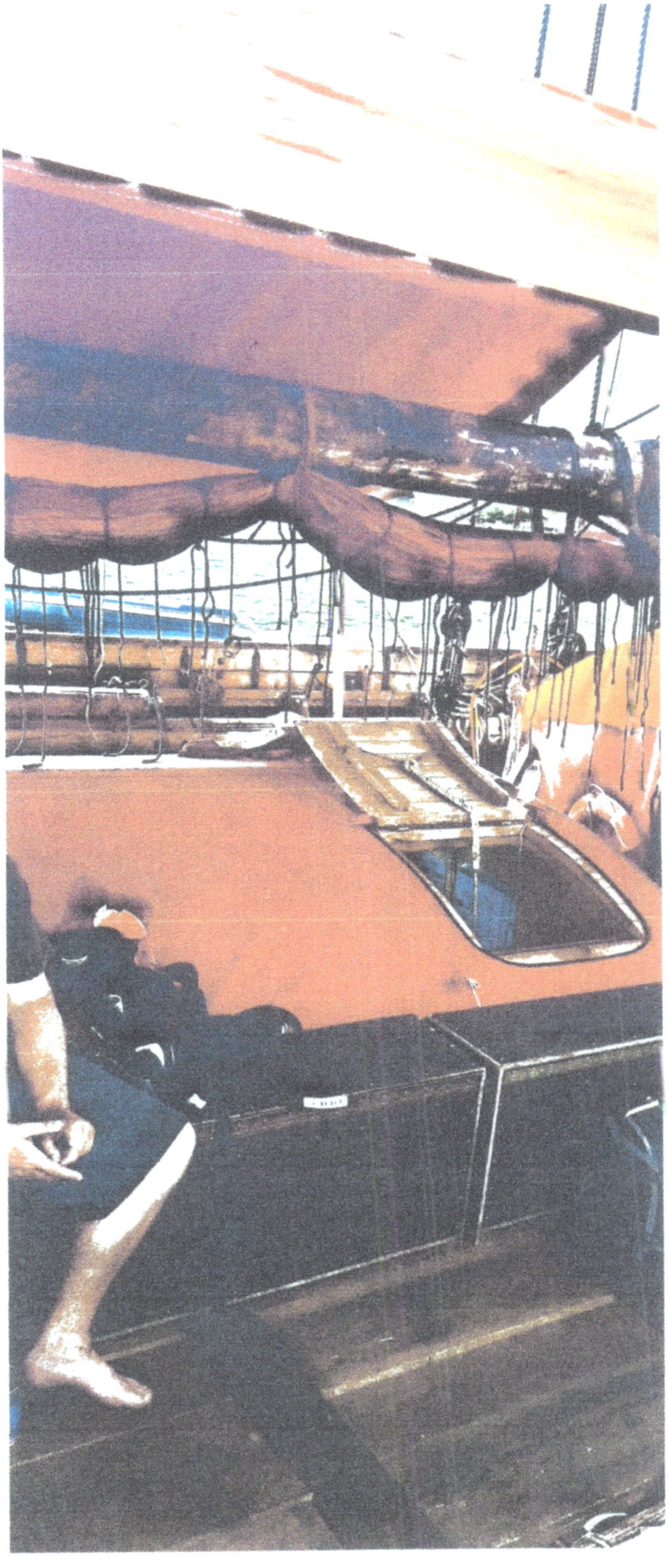

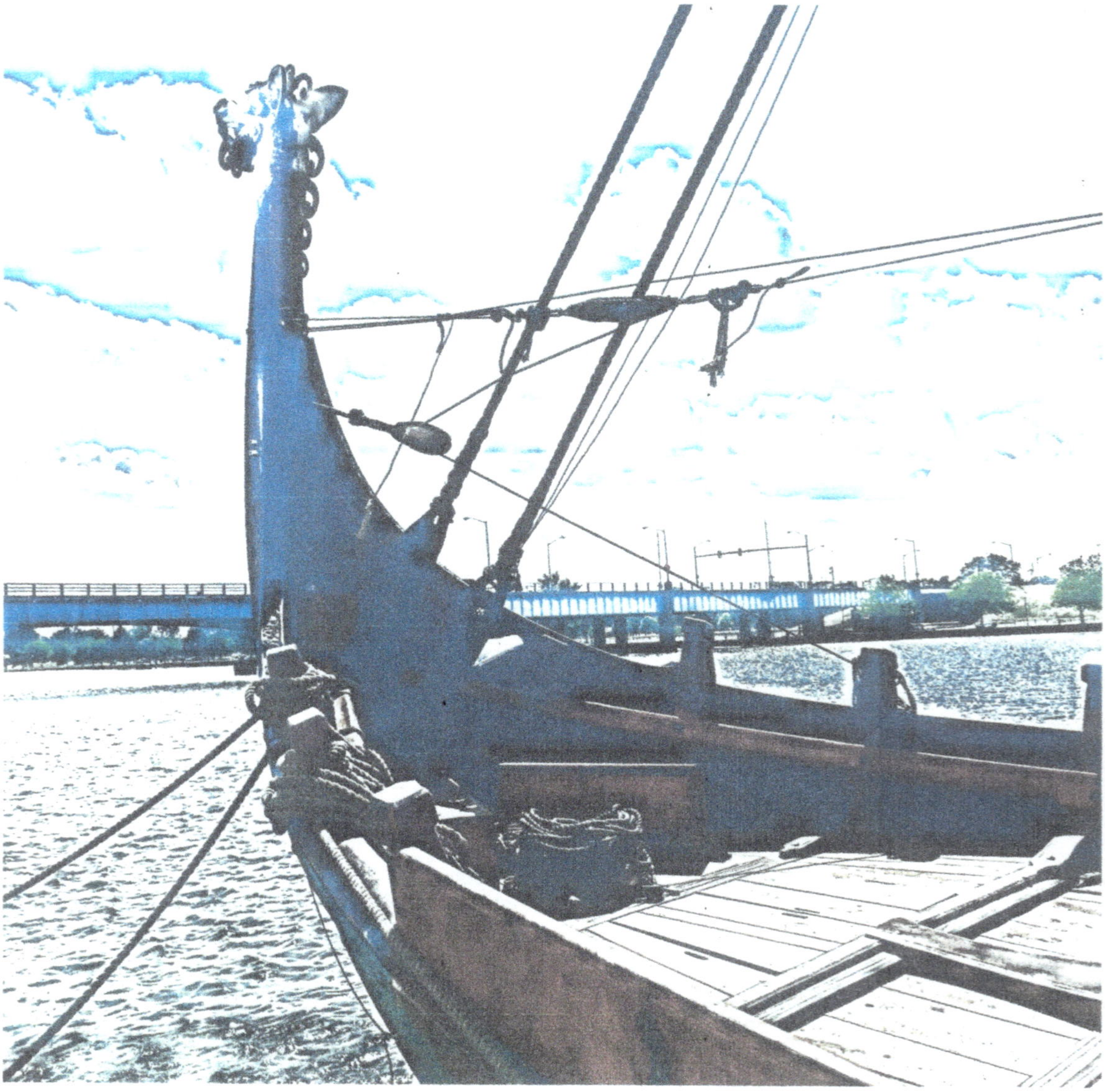

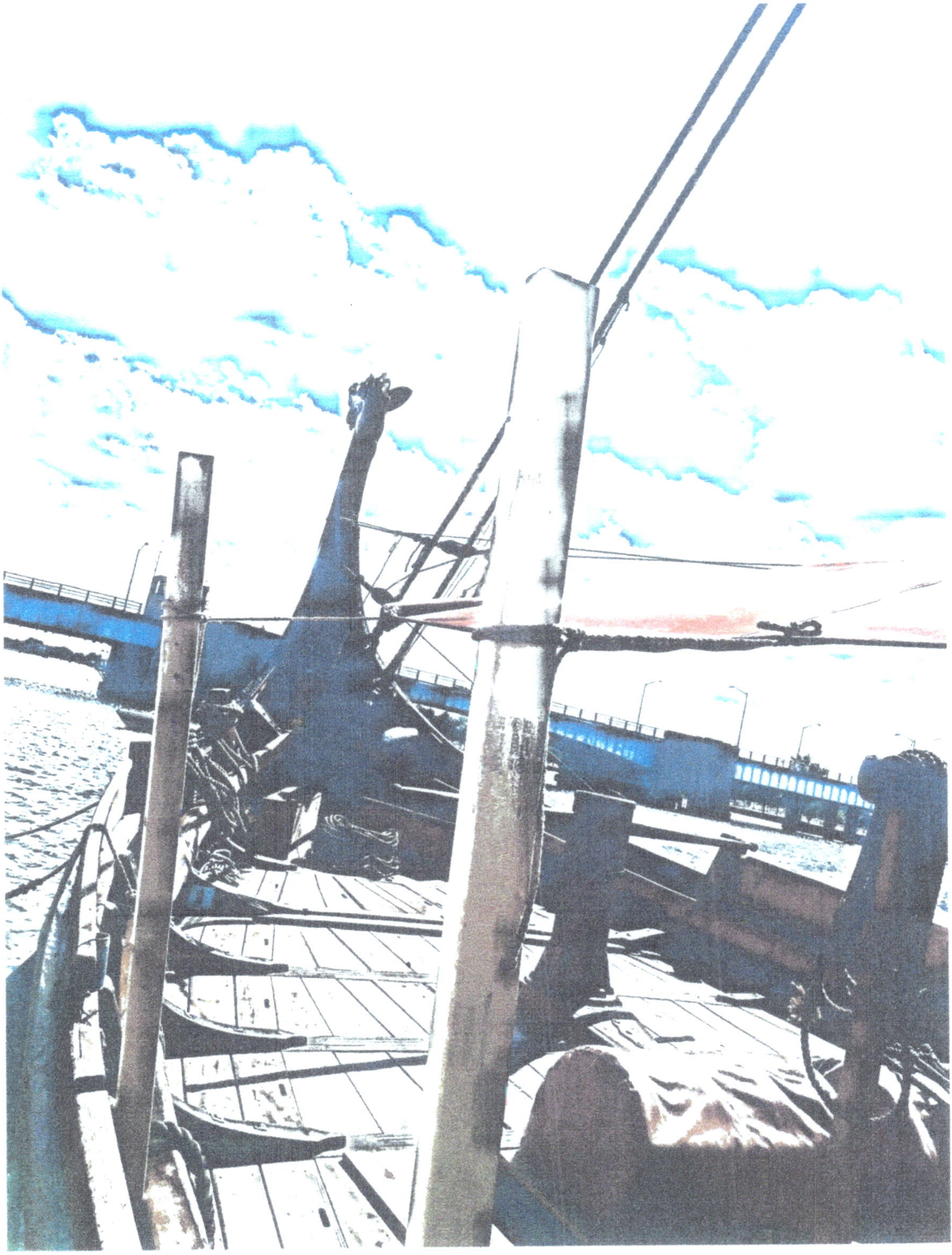

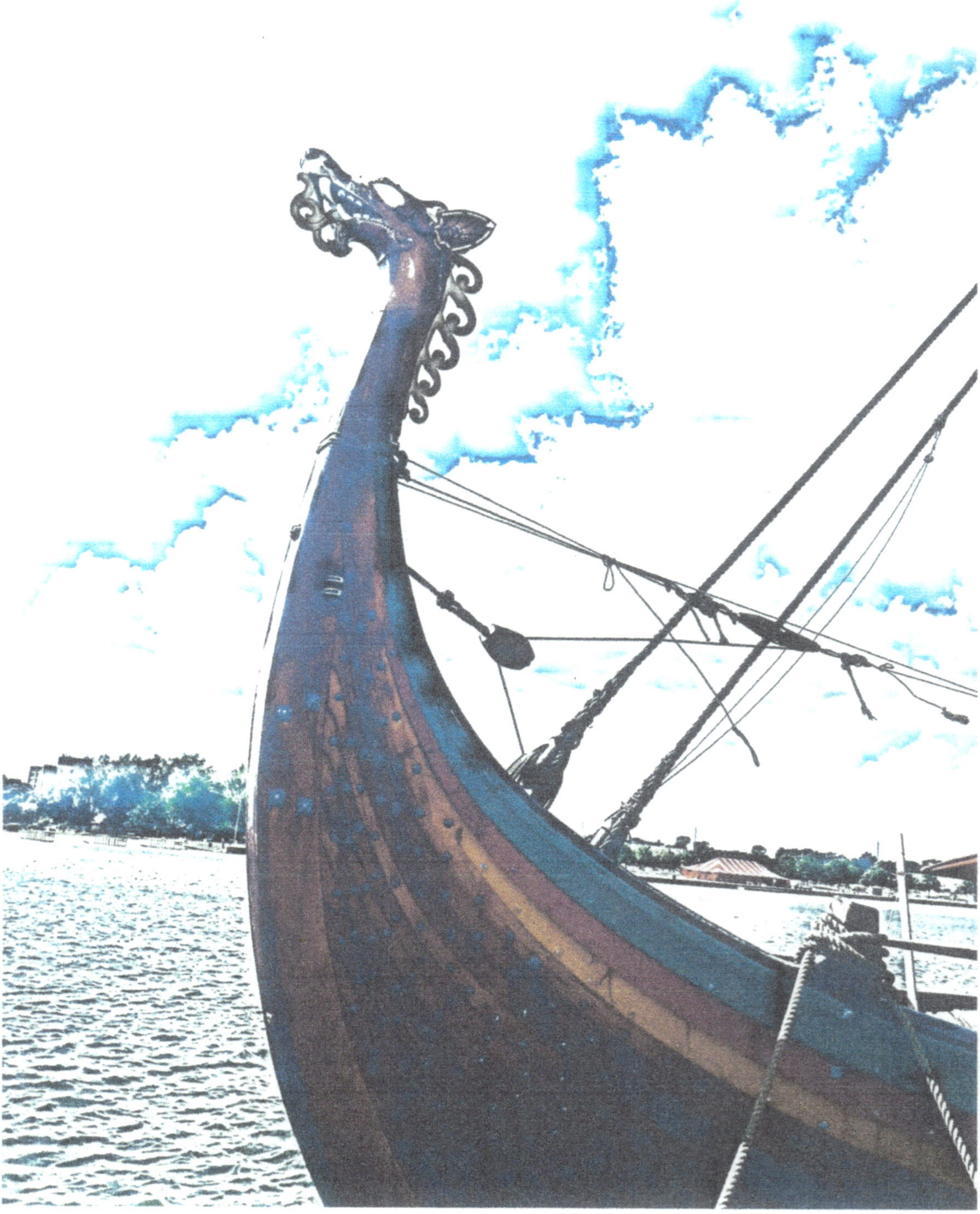

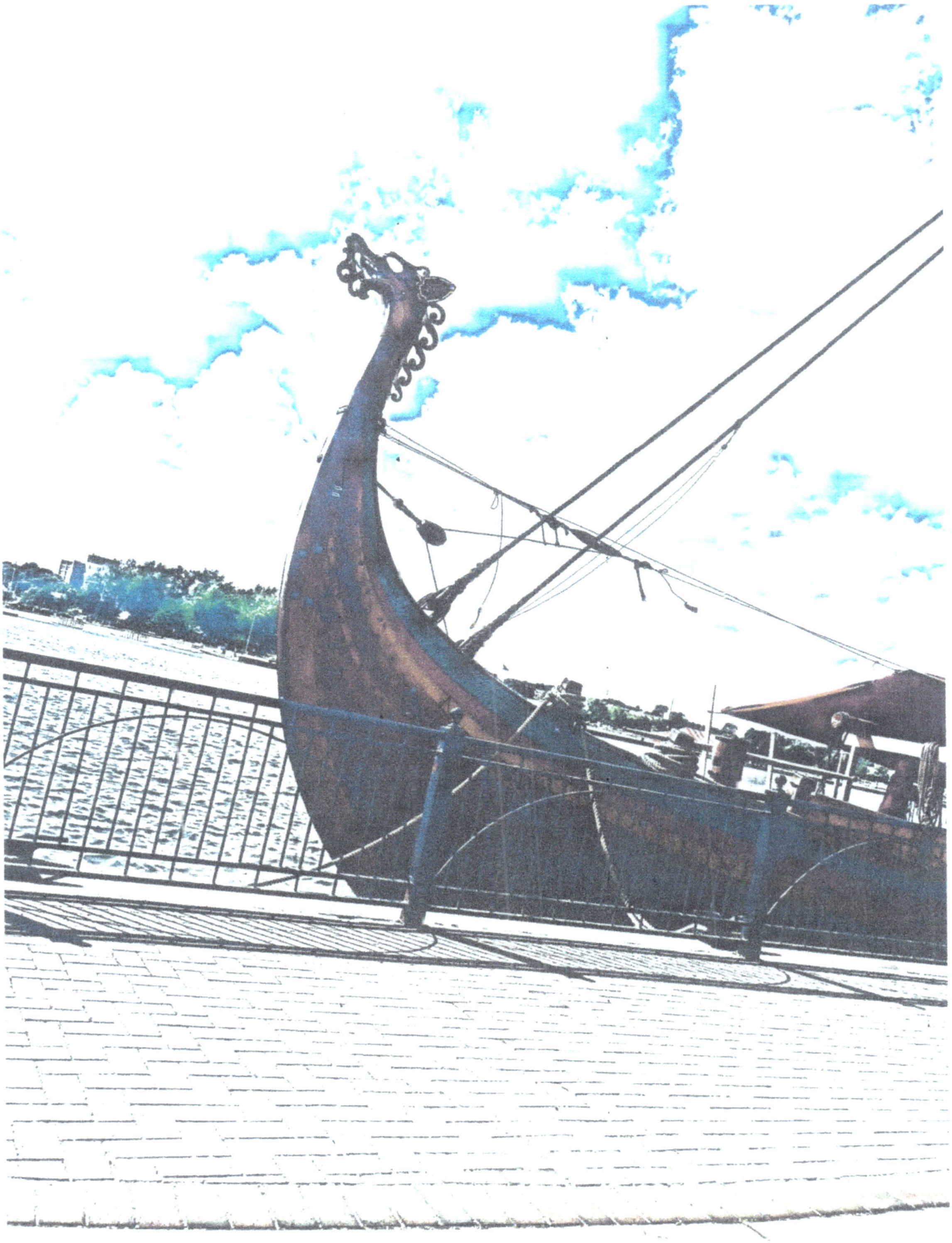

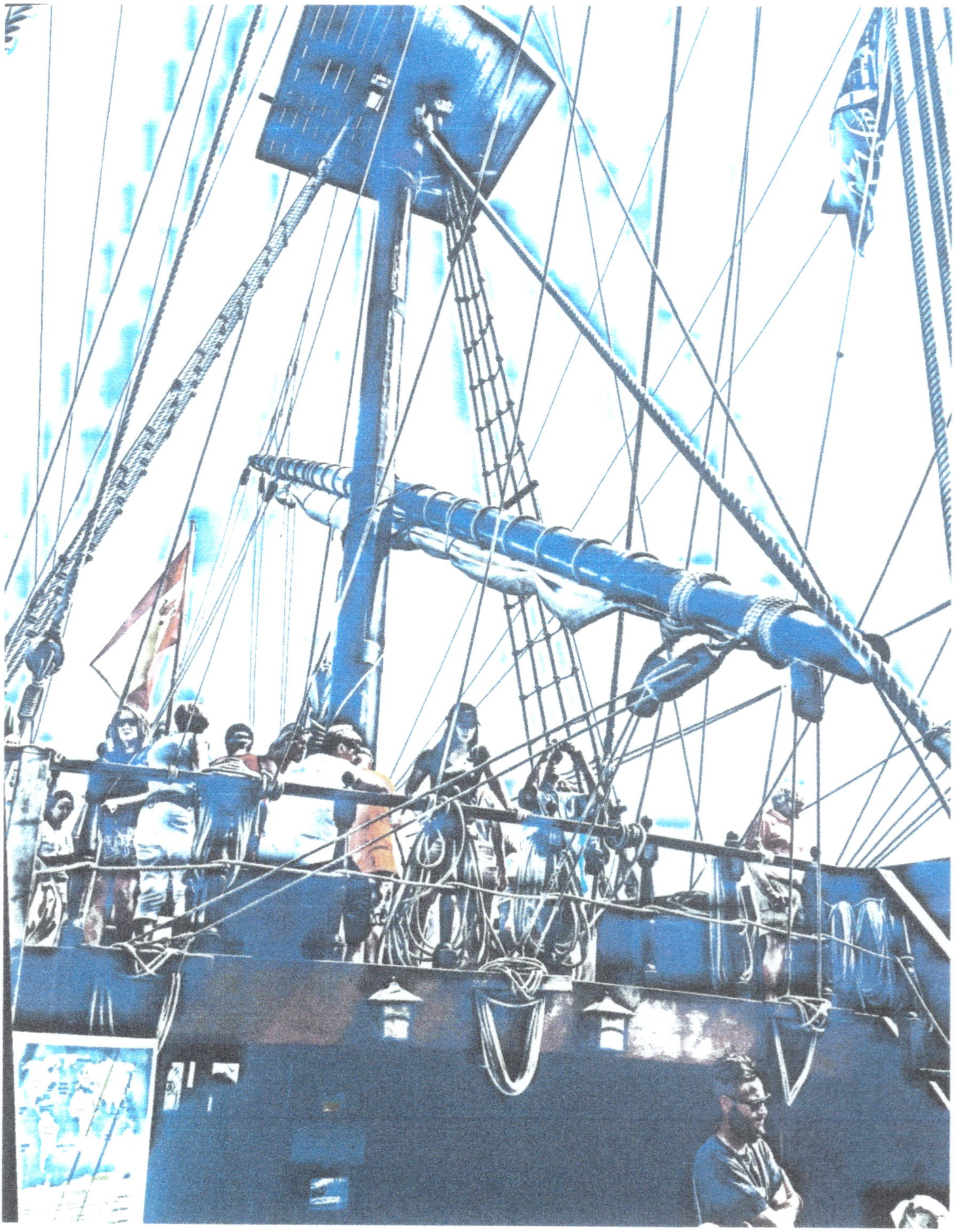

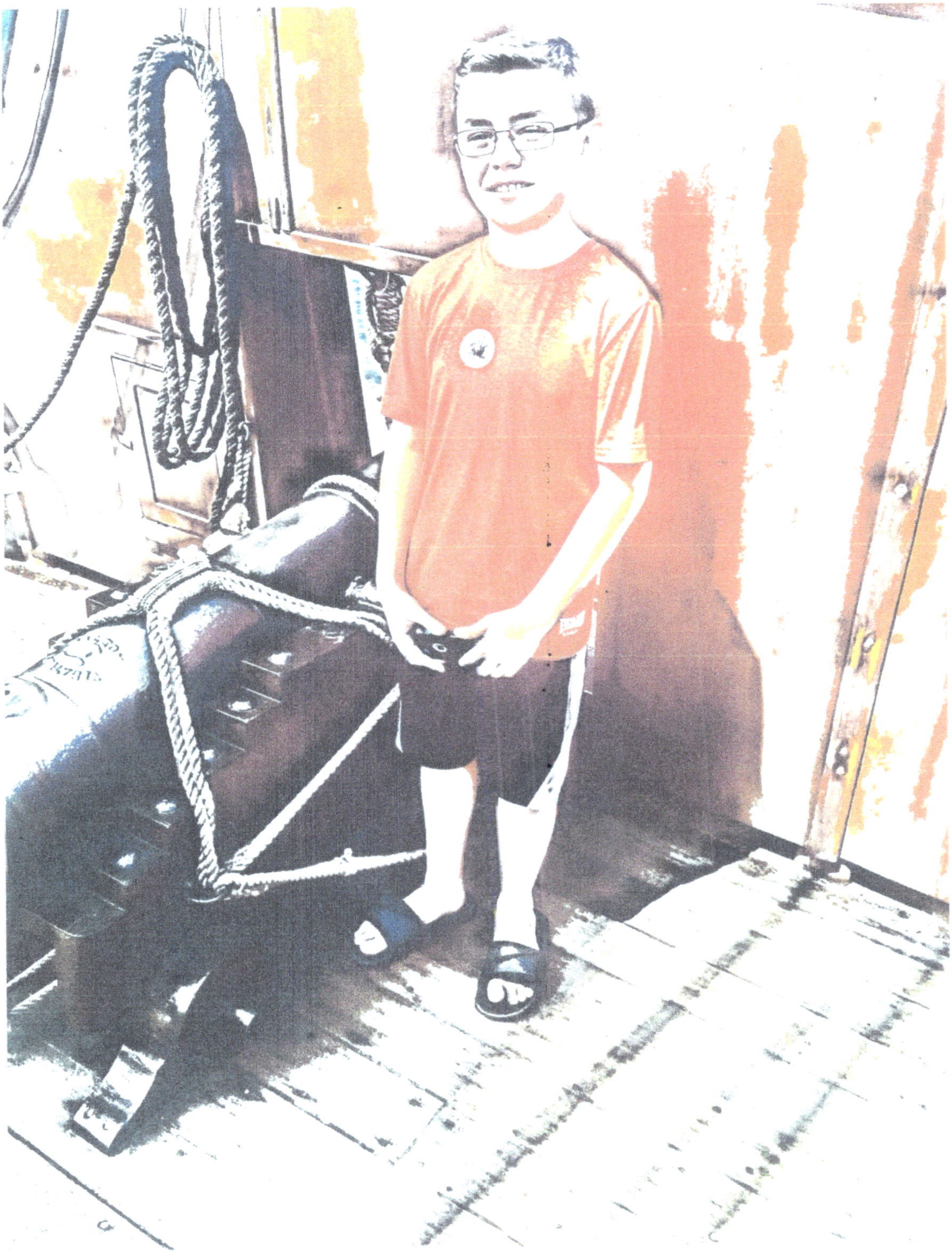

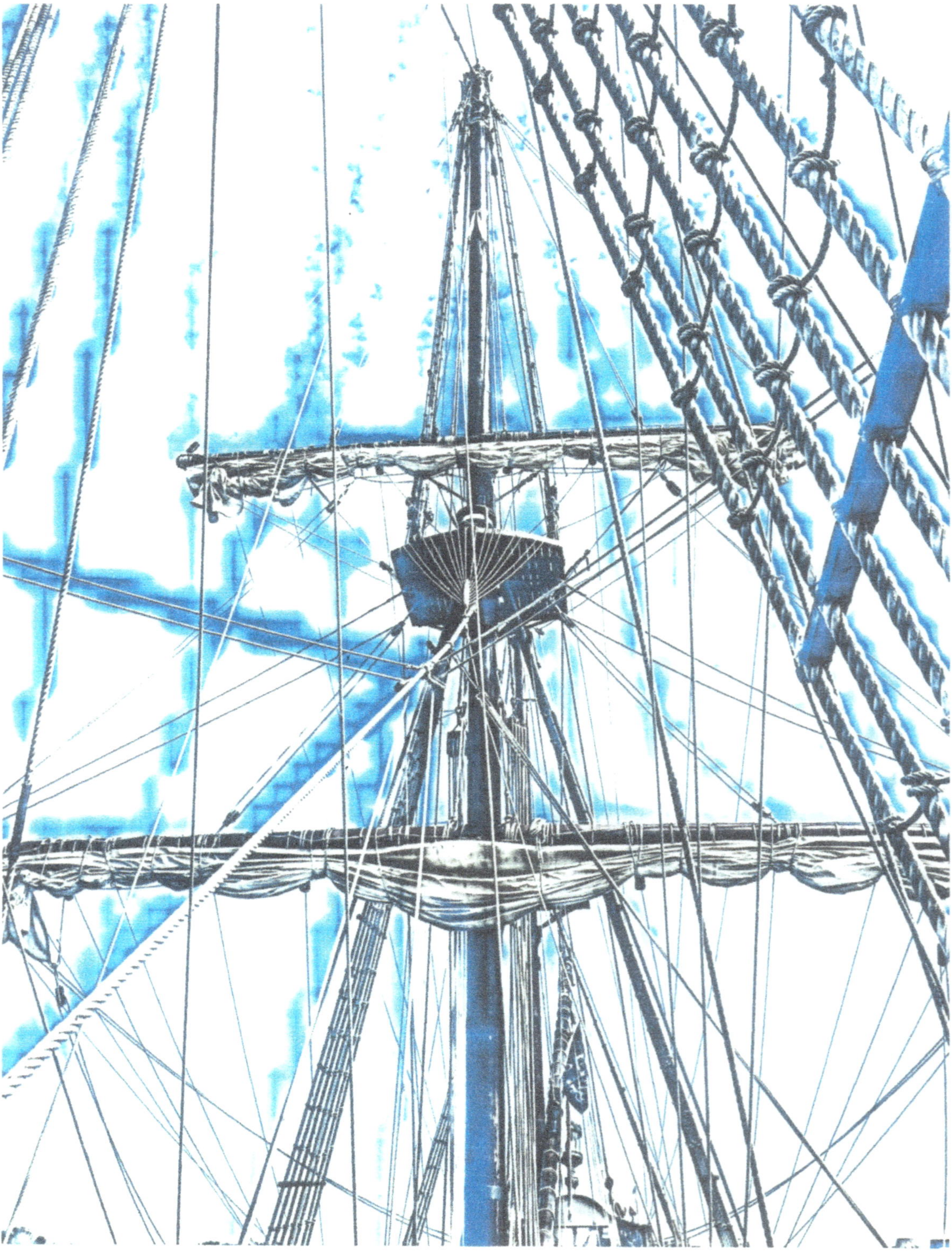

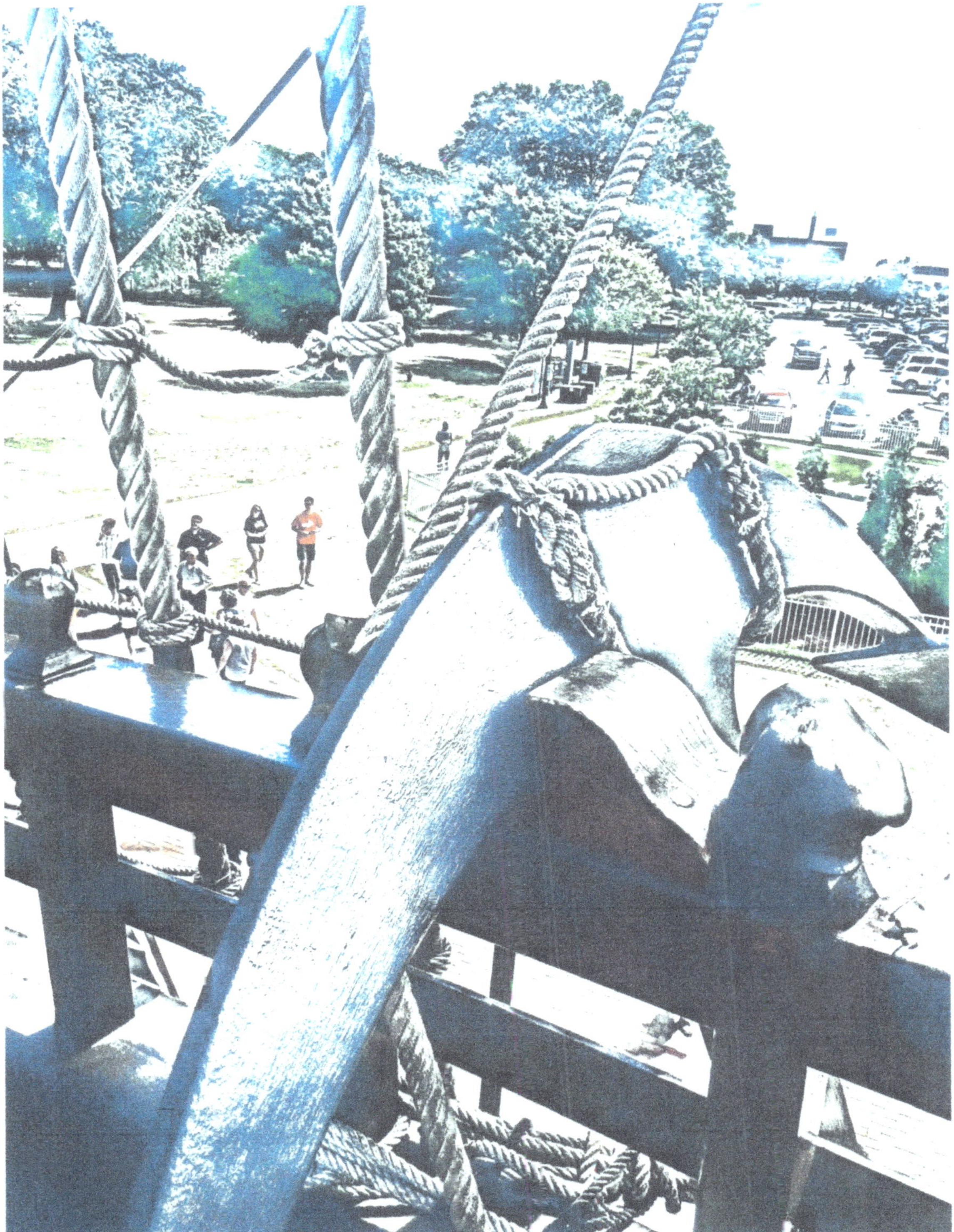

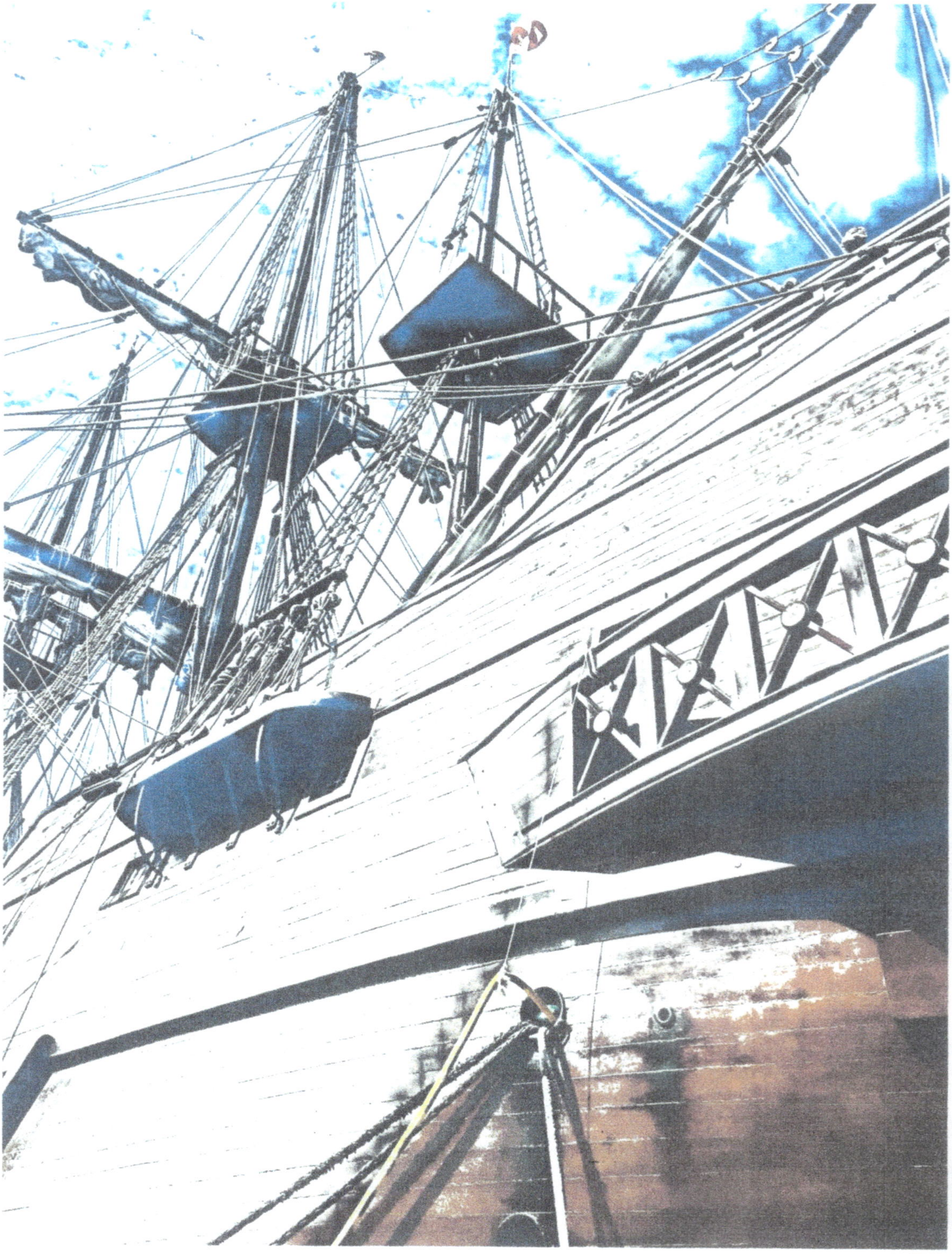

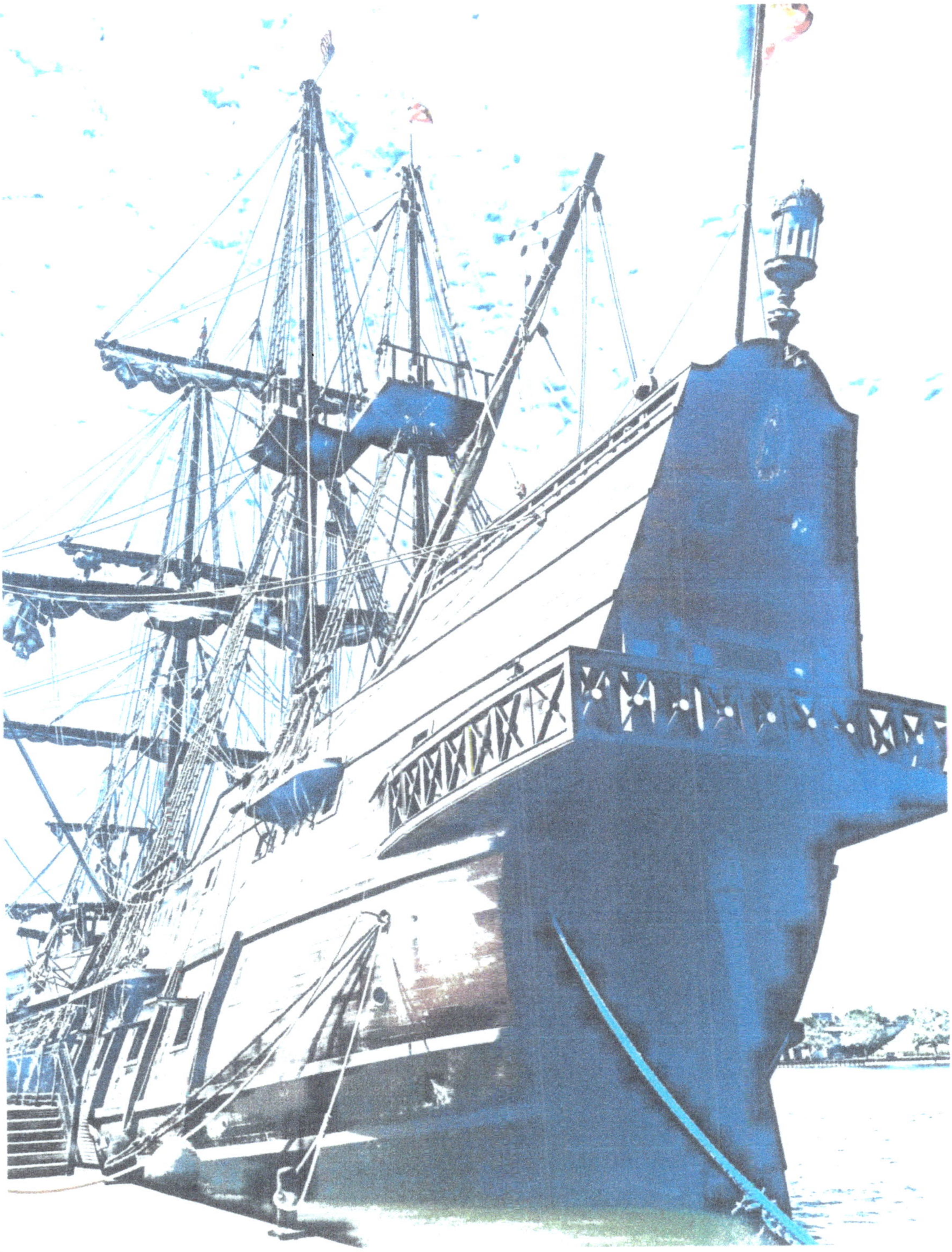

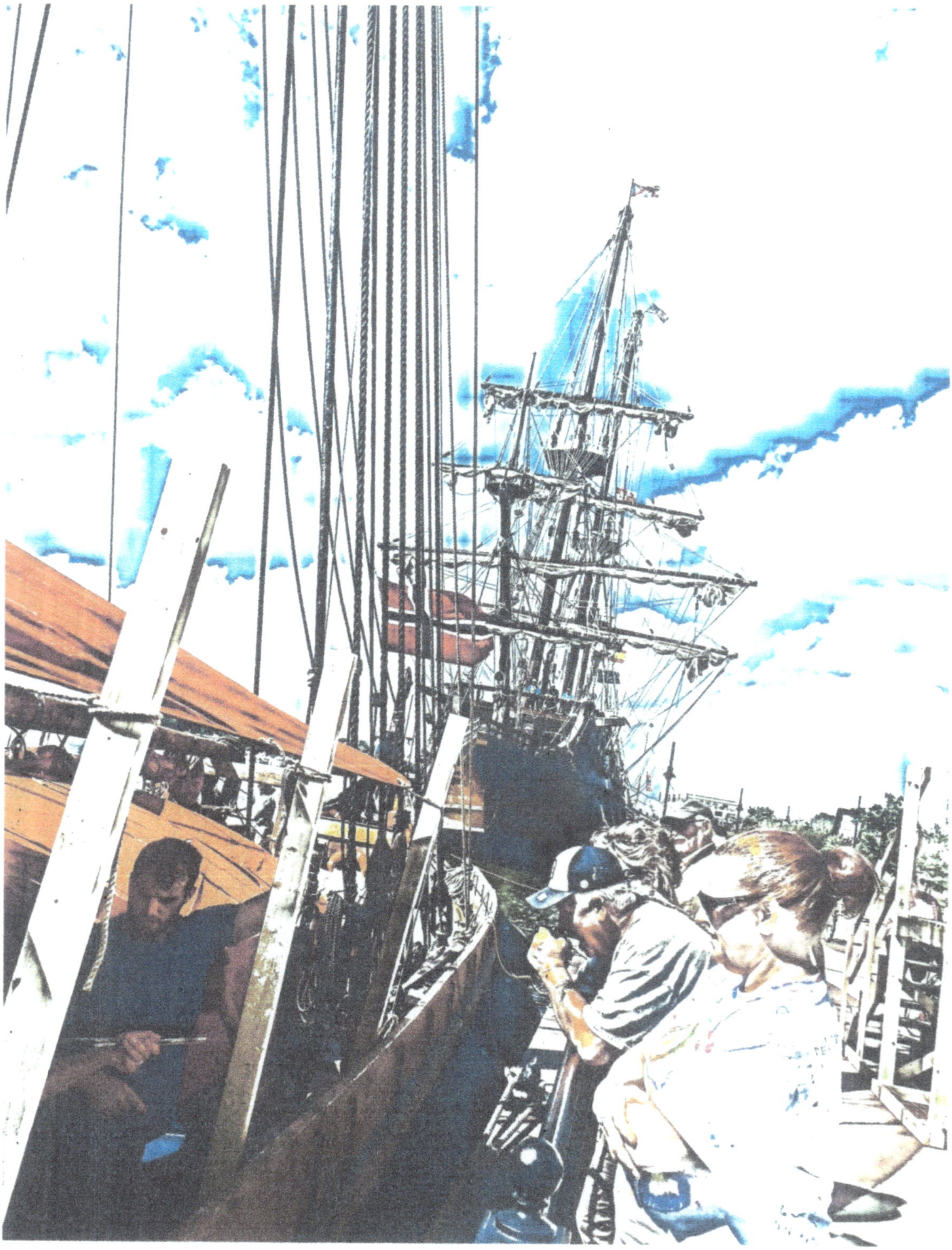

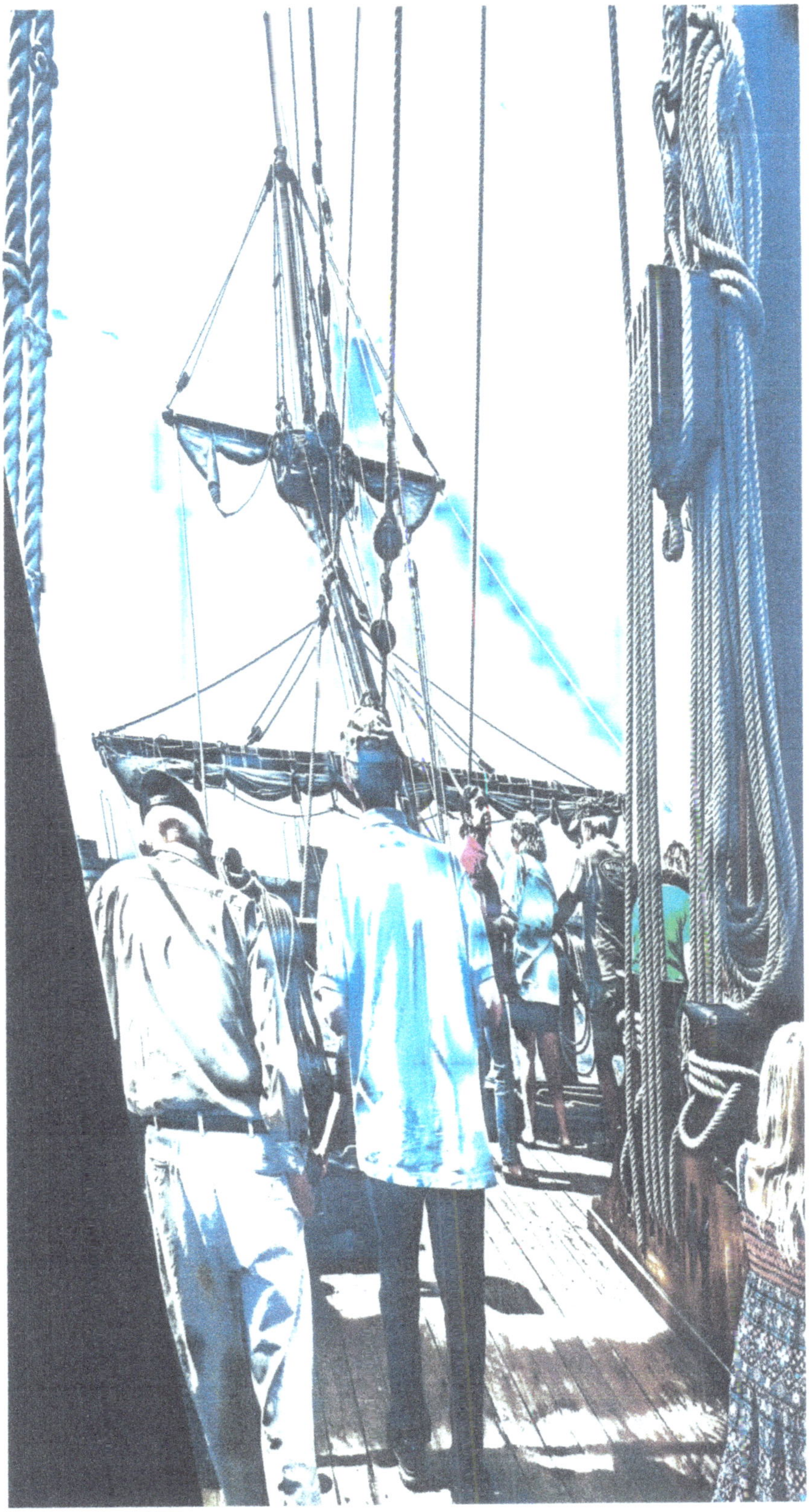

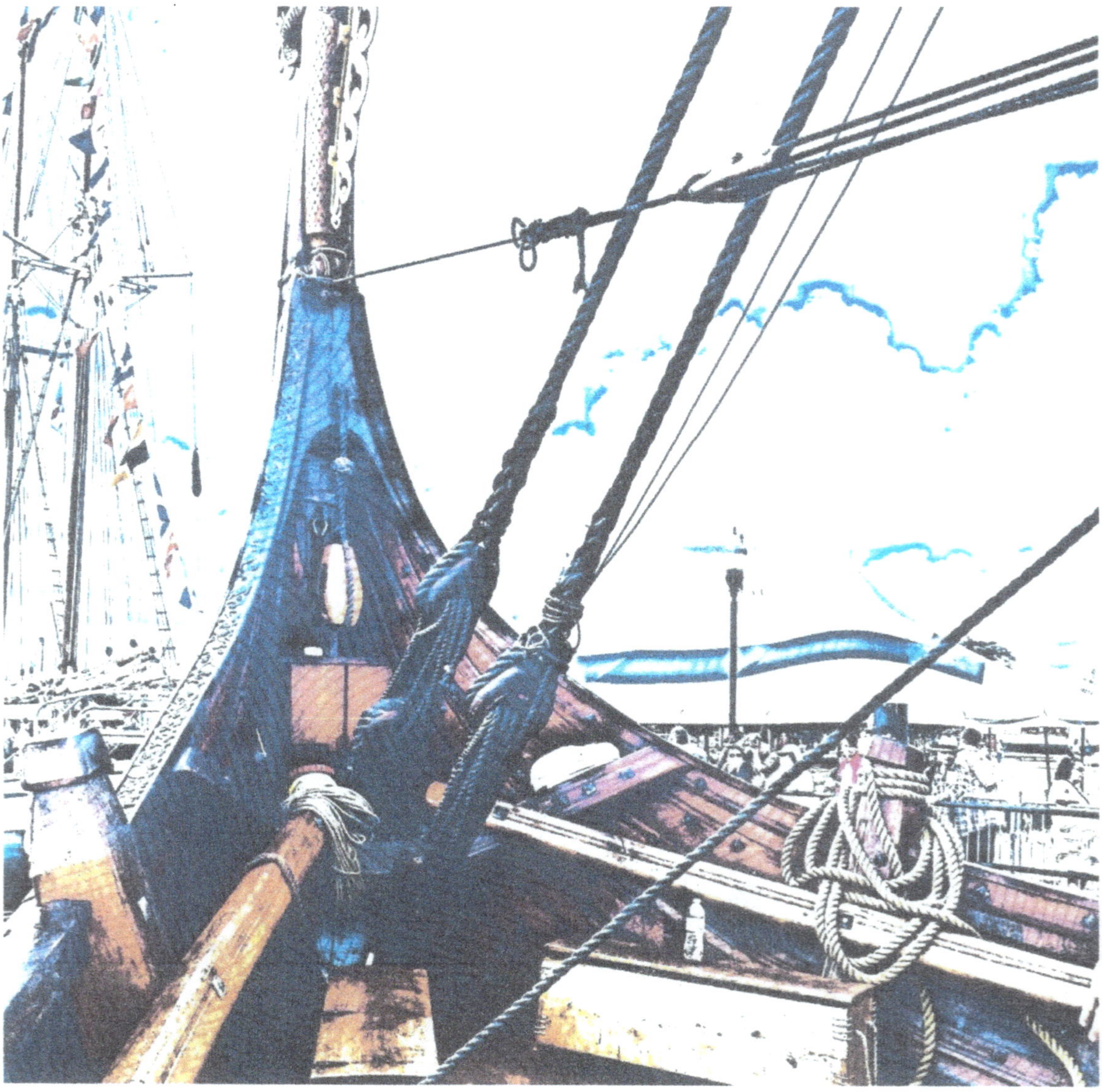

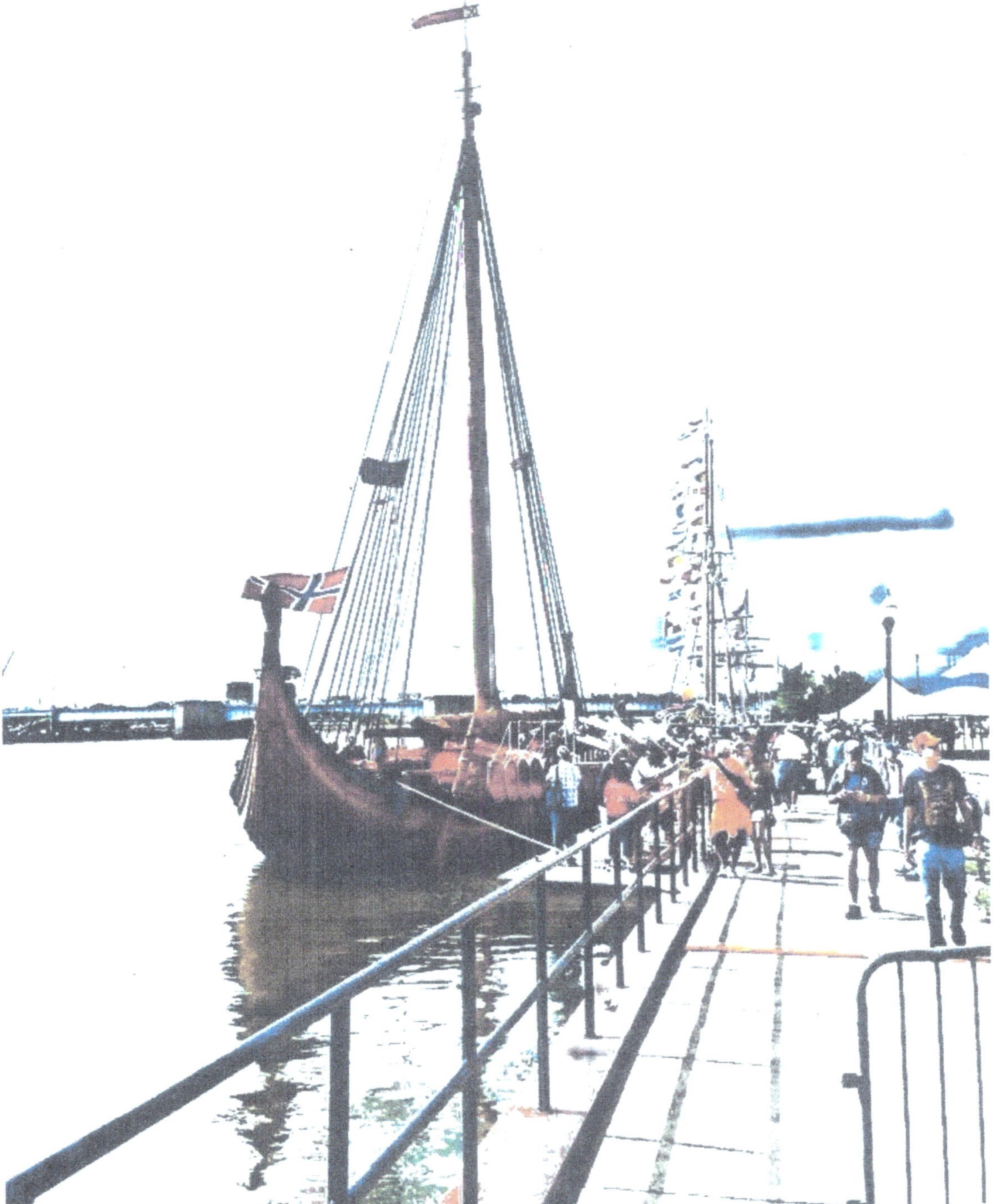

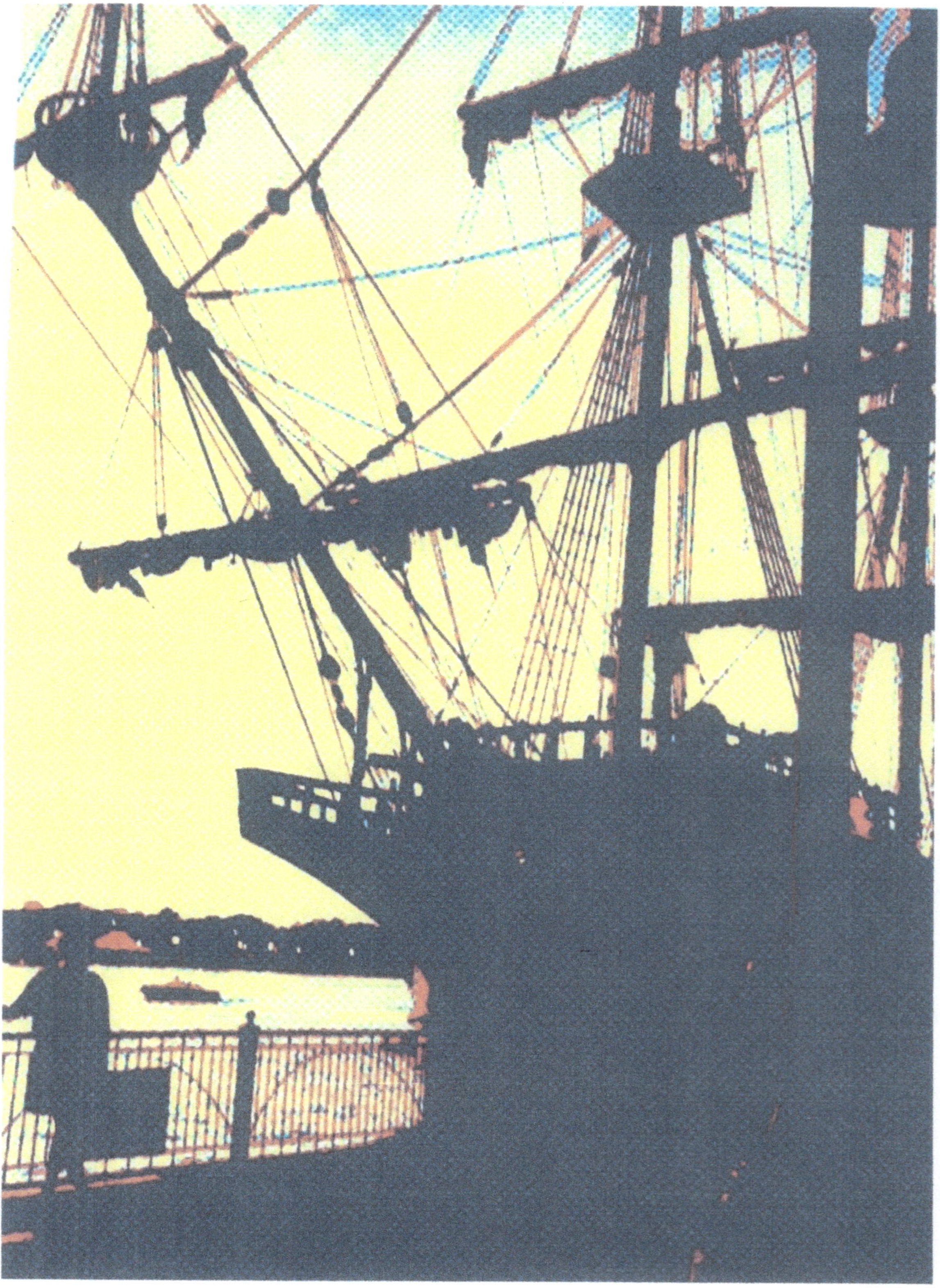

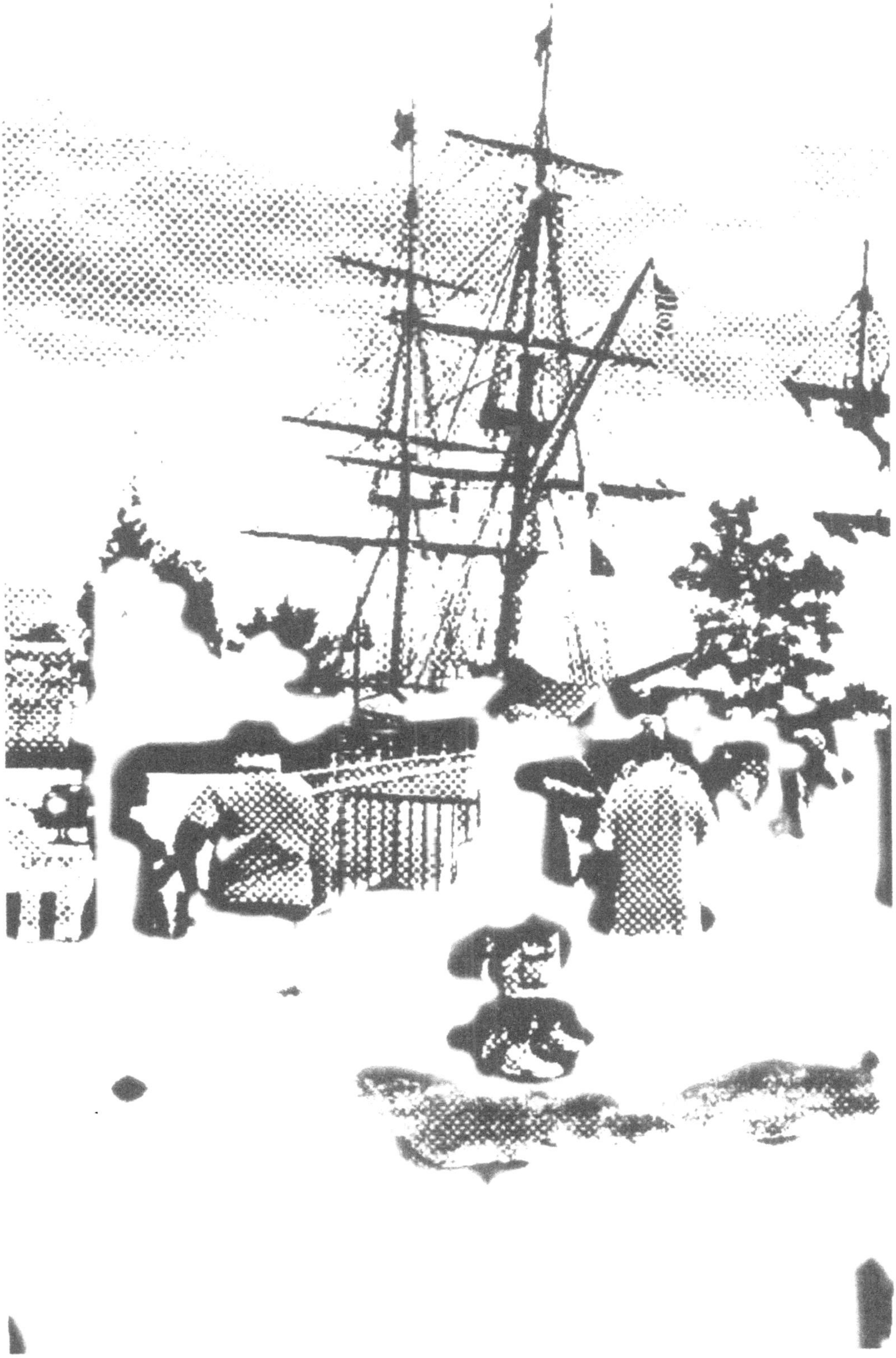

www.ingramcontent.com/pod-product-compliance
Lightning Source LLC
Chambersburg PA
CBHW050910180526
45159CB00007B/2862
* 9 7 8 1 5 3 5 3 6 9 2 0 6 *